RÉPONSE

AUX OBSERVATIONS

SUR LES CONTRIBUTIONS INDIRECTES,

CONTENUES DANS L'ÉCRIT INTITULÉ :

EXAMEN IMPARTIAL

DU BUDGET, &c.

RÉPONSE

AUX OBSERVATIONS

SUR LES CONTRIBUTIONS INDIRECTES,

CONTENUES DANS L'ÉCRIT INTITULÉ :

EXAMEN IMPARTIAL

DU BUDGET, &c.

A PARIS,

Chez P. MONGIE l'aîné, Libraire, boulevart Poissonnière, N.° 18.

1816.

RÉPONSE

AUX OBSERVATIONS

SUR LES CONTRIBUTIONS INDIRECTES,

CONTENUES DANS L'ÉCRIT INTITULÉ:

EXAMEN IMPARTIAL

DU BUDGET, &c.

LE nom d'un créancier de l'État, placé en tête de ses précédens écrits par l'auteur de l'ouvrage ayant pour titre *Examen impartial du Budget*, pouvait justifier, jusqu'à un certain point, la véhémence de sa critique. Son excuse était dans l'obligation de prendre le ton du personnage qu'il faisait parler. Puisqu'il voulait garder l'anonyme, il fallait bien qu'il se déguisât le mieux possible; et certes, dans son travestissement, il a fait preuve de talent: car personne n'eût songé à reconnaître, sous les traits d'un créancier aigri, quelquefois même aveuglé par l'intérêt personnel, l'administrateur qui, livré habituellement à de froides combinaisons, doit imprimer à tout ce qu'il fait un caractère particulier de modération et de vérité.

Mais pouvait-on s'attendre que cette habileté à donner à l'acteur qu'il met en scène le ton qui lui convient, abandonnerait cet écrivain lorsqu'il reprendrait son nom ? Qui n'eût pensé qu'ayant à écrire sur un budget où les mesures qu'il a défendues avec tant de chaleur se trouvent reproduites, il aurait cette fois plus à louer qu'à blâmer, et que, s'il avait des vues nouvelles à émettre, il les développerait du moins sans passion, et avec ce calme qui commande la confiance ?

Il n'en est pas ainsi. En quittant son déguisement, l'auteur n'a pas changé de ton. On serait porté à croire que son ouvrage était destiné à paraître encore sous un nom emprunté lorsqu'il l'a composé ; mais que, voulant produire un plus grand effet, et comptant beaucoup sur la juste célébrité de l'auxiliaire qu'on ne manquerait pas de lui supposer s'il se faisait connaître, il a pris, mais tardivement, la résolution de le signer. A l'aide de cette explication, on comprendra pourquoi, préférant à l'avantage de frapper juste, celui de frapper fort et vîte, il ne s'est pas donné le temps de faire disparaître de son écrit les expressions désobligeantes, quelquefois même injurieuses, qu'il renferme.

Quoi qu'il en soit de l'exactitude de ma supposition, puisque l'auteur a jugé à propos d'étendre son *Examen*, soi-disant *impartial*, à des matières sur lesquelles il ne s'était pas exercé jusqu'à présent, il a dû s'attendre à rencontrer de nouveaux adversaires qui pourraient le combattre, non avec la même énergie de style, mais du moins avec les armes de l'expérience. C'est dans cette vue que je me hasarde à prendre la plume.

Je laisse à d'autres le soin d'examiner comment l'auteur, naguère si fortement prononcé contre la consolidation, si violemment courroucé contre quiconque ne voyait pas le rétablissement du crédit dans le système des obligations, oubliant ses écrits les plus récens, peut sérieusement aujourd'hui, sans aucun changement dans les circonstances, au mépris d'une loi rendue, au mépris de la promesse faite aux créanciers, au mépris de la parole sacrée du ROI, proposer une consolidation forcée ; comment l'auteur, si grand ennemi de toute spécialité quand il n'y avait point d'opposition à rencontrer, non-content maintenant de détruire par son budget départemental l'édifice qu'il a travaillé à élever pendant plusieurs années de son existence administrative, dirige la diatribe la plus amère contre les partisans de la centralisation, dont il déserte prudemment les rangs au moment de l'attaque.

Ces contradictions seront relevées, je n'en doute pas, par les personnes qui discuteront l'idée hardie, mais revendiquée par un autre écrivain, de soutenir le crédit par un emprunt. Cette partie de l'écrit qui nous occupe, tracée avec chaleur, doit trouver des partisans aussi bien que des contradicteurs. Les premiers, pensant que, dans les maladies graves, au moral comme au physique, on n'obtient quelquefois de crise salutaire qu'à l'aide de remèdes violens, verront peut-être dans cette grande entreprise le seul moyen qui puisse conduire au rétablissement de nos finances; les autres, convaincus que le crédit ne se crée point ainsi violemment, qu'il n'arrive qu'avec le temps, qu'il ne marche jamais qu'après la confiance, nous diront qu'il faut l'introduire à bas bruit, sans en parler, pour ainsi dire; que, capricieux de sa nature, il s'enfuit par cela seul qu'on veut le contraindre; que tenter de l'établir forcément, c'est essayer de faire entrer un coin par le gros bout; que nos forces ne nous permettraient pas de soutenir une telle épreuve; que les circonstances ne sont pas telles encore, cependant, qu'avec la réunion de tous les efforts et de tous les sentimens, l'amour sincère du Roi et de la patrie, on ne trouve dans les ressources présentées au budget les moyens de combler le déficit, et qu'enfin, descendant de la théorie au réel des choses, il est clair que, quand on ne peut trouver à emprunter, l'on n'a pas de crédit.

Je n'émettrai point d'opinion sur cette grave question; mais la confiance que peuvent avoir inspirée les aperçus et les raisonnemens de l'auteur, pourra bien se trouver affaiblie, lorsque j'aurai démontré que, relativement à l'objet que je me propose de traiter, il n'est aucun de ses calculs qui ne présente les plus graves erreurs.

Les contributions indirectes sont de toutes les parties des finances celle qui prête le plus aux déclamations, celle sur laquelle il est le plus aisé de produire quelque effet, sans approfondir la matière. On est certain d'être écouté avec intérêt, lorsqu'on parle du soulagement des peuples, lorsqu'on qualifie de vexation, d'inquisition, les mesures qui tendent à garantir le recouvrement des impôts; lorsqu'on flatte les préventions de la multitude contre les agens qui sont chargés du pénible devoir de recueillir le tribut dû à l'État.

Il faut bien l'avouer, sans des règles sévères, quelquefois même gênantes, sans des frais de perception assez élevés, on n'obtiendrait des impôts indirects que des produits insignifians. C'est là le côté fâcheux de ce genre d'impositions. Pour peu qu'on charge le tableau, il n'est donc pas difficile d'en faire une peinture effrayante, sur-tout si, à côté des inconvéniens du système, l'écrivain qui les signale s'abstient à dessein d'en rappeler les avantages.

Mais l'impression n'est plus la même, lorsque, mettant à part tout esprit de partialité, l'on examine la question sous toutes ses faces: on reconnaît alors que ce genre d'impôt offre le seul moyen de taxer chacun dans la proportion exacte de sa fortune, ou au moins de sa dépense; ce qui, pour la majorité des citoyens, est à peu près la même chose. Si les droits sont bien combinés, c'est le consommateur seul qui paie, et encore presque toujours sans s'en apercevoir; ce moyen est le seul par lequel on puisse atteindre toutes les classes de la société, depuis le capitaliste le plus opulent, depuis le plus grand fonctionnaire, jusqu'à l'ouvrier du dernier ordre. Un impôt direct qui ferait payer à ce dernier le quart de ce qu'il paie en contributions indirectes, serait intolérable et presque impossible à répartir et à recouvrer; tandis que le même individu, atteint d'une manière insensible, souvent même au milieu de ses jouissances, contribue aux charges de l'État qui le protége, dans une assez forte proportion et toujours en raison de ses facultés.

On n'arrive point à des résultats aussi favorables lorsqu'on poursuit l'examen relativement à l'impôt foncier. Veut-on le considérer comme portant sur les fortunes? on voit bientôt qu'il n'en atteint qu'une faible partie, et qu'il pèse très-inégalement sur celles qui s'en trouvent frappées : dans ce système, non-seulement le fonctionnaire, le capitaliste, le spéculateur, le rentier, sont affranchis de toute charge; mais encore le propriétaire obéré, dont les biens sont grevés d'hypothèques qui en absorbent quelquefois le revenu, est taxé comme celui dont la fortune est entière et libre. Veut-on, au contraire, envisager l'impôt territorial comme devant réagir sur le consommateur, attendu qu'étant assis dans la proportion des produits du sol, il pèse en première ligne sur le cultivateur qui s'en récupère en élevant le prix de ses denrées? On aperçoit au premier coup-d'œil que la plupart du temps cette réaction n'est qu'idéale; qu'étant le même dans les années d'abondance et dans celles de stérilité, l'impôt reste nécessairement à la charge du cultivateur, lorsque ses récoltes ne suffisent pas pour qu'il puisse s'en rembourser sur leur produit, ou lorsque, forcé de vendre ses denrées pour se libérer, il subit la loi de l'acheteur par l'effet d'une abondance réelle ou d'un défaut de débouché. D'un autre côté, la matière première, quoique destinée à acquérir par l'industrie des valeurs si différentes, se trouve taxée uniformément; d'où il suit que l'impôt, sous ce dernier point de vue même, ne peut atteindre également toutes les classes de consommateurs. Enfin l'on est forcé de reconnaître qu'il doit nuire encore à l'exportation de certaines denrées qui pourraient arriver sur les marchés étrangers avec avantage, si l'impôt territorial, ajouté aux frais inévitables de transport, ne les grevait de charges trop fortes; effet funeste à la richesse nationale, et dont il est impossible de calculer toutes les conséquences.

Si cette comparaison ne peut laisser de doute sur la nécessité de recourir à des contributions indirectes, au moins pour former une partie des revenus de l'État, il ne doit donc plus être question, dans les discussions qui s'élèvent à ce sujet, que de rechercher la meilleure matière à imposer et le meilleur mode possible de perception. Mais ce choix, facile à faire lorsque la somme des besoins du trésor permet de rester au-dessous des limites que peuvent atteindre les taxes indirectes, offre beaucoup plus de difficultés quand l'impérieuse nécessité de couvrir des dépenses énormes oblige, en quelque sorte, de n'oublier aucune des matières susceptibles d'être imposées.

C'est dans ce sens que l'orateur qui a présenté à la Chambre des députés le projet de loi sur les impôts indirects, a dit qu'il serait à peu près superflu de se livrer, dans de telles circonstances, *à des discussions théoriques;* il n'a point entendu, comme l'auteur de l'*Examen impartial* voudrait le faire croire, que, dans la recherche des meilleures mesures à proposer, on eût négligé de recourir à une *théorie éclairée par l'expérience:* bien loin de là, les projets prouvent que la *théorie* a été consultée, puisqu'on s'y est attaché à remplir le plus possible les conditions voulues pour le meilleur mode de contributions indirectes; et à l'égard de *l'expérience*, pour qu'on pût contester qu'elle eût été mise à profit, il faudrait oublier que les impôts proposés sont pour la plupart ceux pour lesquels on a pu avoir recours aux leçons du passé ou aux exemples que nous offrent des nations voisines.

Ce n'est pas, au surplus, que l'auteur de la brochure qui nous occupe, se soit prononcé contre les impôts indirects : au contraire, il en reconnaît formellement la nécessité; mais cet aveu, arraché par la force de la vérité, qu'il n'a fait qu'énoncer sans développement, est comme un moyen de retraite qu'il se réserve en cas d'attaque trop vive. Toutes ses observations n'en sont pas moins dirigées dans un sens contraire; elles ne tendent pas moins à soulever les esprits contre ce genre d'impositions : ce n'est point inconséquence, c'est tactique. En caressant les préventions du plus grand nombre des lecteurs, il ne fallait pas s'aliéner tout-à-fait l'opinion des gens éclairés. Ceux-ci distingueront l'hommage rendu aux principes, des censures dont il est accompagné; mais les autres recevront toute entière l'impression qu'il a voulu produire, et qui tend à frapper d'un discrédit absolu le régime de nos impôts indirects. Nous ne croyons pas nous tromper sur l'intention de l'auteur. L'opposition qu'il manifeste ne peut être, chez lui, l'effet de la conviction; elle se combine avec son plan de finances. En privant le trésor de ses ressources actuelles, il rend l'adoption de ce plan en quelque sorte forcée, et un des meilleurs moyens de placer la Chambre dans cette position, était, sans contredit, de rendre les impôts indirects odieux, et d'obliger par cela même à y renoncer.

Il n'est pas aussi facile de détruire une telle impression que de la produire, parce que la prévention qui la favorise est toujours sourde à la vérité. Mais ce n'est pas dans une Chambre aussi pure d'intentions, aussi éclairée, aussi manifestement animée de l'amour du bien public, que l'on peut avoir à craindre les effets de cette funeste prévention. La vérité, de quelque part qu'elle vienne, ne peut manquer d'y être entendue, et cette assurance suffit seule pour m'enhardir dans la tâche que j'ai entreprise.

PRODUITS GÉNÉRAUX de la Régie.

L'auteur entre en matière par une évaluation fort rapide des ressources que doivent offrir en 1816 les droits dont la perception est confiée à l'administration des contributions indirectes. « Ils sont estimés, dit-il, » devoir produire 140 millions net (176 millions brut). » Ils n'ont produit en 1814 que 61 millions; ils ne

» furent estimés en 1815 que 50 millions sans les ta» bacs. On espère donc obtenir 80 à 90 millions » d'augmentation. »

Voilà des faits exposés sans la moindre apparence du doute : l'auteur était à même d'être bien éclairé ; il avait entre les mains les documens nécessaires. Il a concouru lui-même à la formation des budgets de 1814 et de 1815 ; il doit connaître mieux que qui que ce soit l'étendue réelle des ressources du trésor : dès lors foi entière devrait être ajoutée à ses moindres assertions ; et il n'est certainement pas un lecteur qui se soit avisé de les soupçonner infidèles : il n'y a cependant pas un chiffre d'exact dans cet aperçu.

En retirant des 140 millions de produits présumés, les 61 millions obtenus, suivant l'auteur, en 1814, ou les 50 millions recouvrés en 1815, on trouve en effet une différence de 80 à 90 millions ; mais cette différence, lors même que les élémens du calcul seraient exacts, ne représenterait pas l'augmentation de produit à espérer pour 1816, puisque l'auteur lui-même nous annonce que dans les cinquante millions de 1815 *ne sont pas compris les tabacs*. Avant de connaître l'augmentation, il faut donc retrancher encore des 90 millions le produit des tabacs ; on verra bientôt qu'il est de 40 millions : resterait donc seulement 50 millions d'augmentation pour 1816, en suivant le calcul de l'auteur, au lieu de 90 millions ; et par conséquent erreur évidente et matérielle de 40 millions, dans une simple soustraction.

Cette méprise est étrange, sans doute ; mais ce n'est pas tout.

Les produits présumés des contributions indirectes de l'exercice 1816, évalués à 176 millions brut, ne figurent pas au projet de budget pour 140 millions net, mais bien pour 147 millions. Ici ce n'est peut-être pas seulement une méprise. En rapprochant 176 millions brut de 140 millions net, on porte le lecteur à croire que les frais de perception sont de 36 millions, et on lui laisse tirer toutes les conséquences qu'une telle exagération dans les dépenses peut faire naître dans l'esprit.

Les produits de 1814 n'ont pas été seulement de 61 millions ; *les versemens faits au trésor* sur cet exercice, jusqu'au 31 janvier 1815, sont de 97,294,980 fr. Il faut retrancher de cette somme 2,259,549 francs perçus dans les départemens qui ne font plus partie de la France, et 3,558,182 francs pour recouvremens effectués sur les reprises de 1812 et 1813. C'est donc une recette nette, et non susceptible de contestation, de 91,477,249 francs, au lieu de 61 millions, et par conséquent une erreur de plus de 30 millions.

On ne voit pas dans quelles circonstances les recettes de 1815 furent estimées à 50 millions, sans les tabacs. Elles figurent, dans le budget réglé par la loi du 23 septembre 1814, y compris les tabacs, pour 90 millions. Dans le budget du mois de juin 1815, elles furent comptées pour 60 millions, et les tabacs pour 33 millions. Enfin, d'après les résultats connus jusqu'à ce jour, les versemens au trésor, pour cet exercice, seront de 91 millions environ. A la vérité, les droits généraux, par l'effet de l'invasion, n'entrent dans ce produit que pour 51 millions, et les tabacs pour 40 millions; non que les bénéfices réels du monopole se soient élevés à cette somme, comme je l'expliquerai plus tard, mais par défaut de remplacement d'une partie des matières vendues. Il suit de là que l'estimation de 50 millions, rappelée par l'auteur, n'existe nulle part; qu'elle se trouve encore inférieure d'un million aux recettes réellement opérées, bien que les événemens de la guerre aient causé des non-valeurs considérables, et qu'ainsi, avec les 40 millions des tabacs que l'auteur a oublié de compter, comme on l'a déjà dit, ce sont 41 millions qu'il devait déduire de plus pour connaître l'augmentaiton qu'il cherchait.

Cette manière de calculer l'augmentation qu'on attend des mesures proposées, en comparant le produit total présumé des droits anciens et nouveaux avec la recette de 1815, est au surplus fort inexacte, puisque, d'une part, on néglige les réductions de produit que l'invasion a fait éprouver, et que, d'une autre, on fait entrer en ligne de compte toutes les recettes faites sur les tabacs, encore bien qu'une partie ne puisse être considérée comme provenant des bénéfices du monopole. Quoi qu'il en soit, je vais suivre la comparaison de l'auteur pour les deux années, en rétablissant les sommes telles qu'elles doivent être.

Le

	COMPARAISON avec 1814.	COMPARAISON avec 1815.
Le produit net pour 1816, est évalué au budget.	147,000,000 fr.	147,000,000 fr.
On a vu que les anciens droits, y compris les tabacs, ont produit.	91,500,000.	91,000,000.
Les nouveaux droits ne doivent donc produire qu'une augmentation de.	55,500,000.	ou de 56,000,000.

Et non de 80 à 90 millions, comme l'auteur l'a annoncé. Conséquemment il s'est trompé pour la comparaison avec 1814, de 25 millions, et pour celle avec 1815, de 34 millions.

Il ne fallait pas prendre tant de peine d'ailleurs pour connaître les produits présumés des droits dont l'établissement est proposé. On en trouve le détail imprimé à la suite du discours de proposition de la loi. Ils y sont comptés pour 58,675,000 francs : en retranchant de cette somme l'augmentation des frais de régie qui naîtrait des nouvelles perceptions, c'est-à-dire, 3 ou 4 millions tout au plus (1), on obtient une recette nette présumée de 55 millions. C'est ici la seule augmentation que l'on puisse présenter comme résultant du projet

(1) De nouveaux droits, quels qu'ils soient, n'éleveront jamais les frais de perception, relativement aux recettes, dans la proportion de ce qu'ils sont aujourd'hui. Il y a une grande partie des dépenses qui n'éprouveraient aucun accroissement ; d'où il suit que plus l'on donnera d'extension aux impôts indirects, moins les frais de régie seront élevés.

soumis à la Chambre. En dernière analyse donc, l'erreur commise à cet égard dans l'*Examen impartial*, est de 25 ou de 35 millions.

Si cette erreur était échappée à toute autre personne, on pourrait l'attribuer à l'inexactitude des renseignemens qu'elle se serait procurés; mais l'auteur n'a point une semblable excuse à alléguer : non-seulement les documens dans lesquels il a puisé sont publics, mais encore il a présidé lui-même à la formation des comptes du trésor dans lesquels ils figurent. L'exemple que je vais citer fera juger s'il a pu réellement se tromper.

Dans une note (page 13), il fait remarquer que, suivant un état détaillé du produit net de 1814, inséré dans le compte publié pendant l'interrègne, le résultat, pour les droits généraux et les tabacs, est de 91,477,349 fr. 92 c., tandis que, dans le nouveau budget, ce produit est porté deux fois pour 61,020,421 f. 66 c.; d'où résulte, dit-il, une différence de 30,456,928 fr. 26 c. dont il demande l'explication.

D'après une telle remarque, qui ne serait disposé à accuser d'incapacité, ou au moins de légèreté, les personnes capables de présenter des discordances aussi choquantes entre deux pièces également authentiques? Qui pourrait s'imaginer sur-tout que l'auteur eût jamais eu la moindre donnée sur cette différence, qu'il eût jamais pris part à l'opération qui l'a fait naître? On va voir cependant qu'il savait mieux que personne à quoi s'en tenir.

L'état cité par l'auteur, sur lequel les produits des

impôts indirects pour 1814 sont portés à 91,477,249 f. 92 c. (1), est, ainsi que l'indique son titre, le compte détaillé des recettes et dépenses de la régie, pendant cet exercice, pour les 86 départemens dont la France est actuellement composée. Ce produit, parfaitement exact, n'est point celui qui pouvait figurer dans les comptes du trésor, ni dans les ressources du budget, comme recette effective, 1.° parce qu'il ne comprend ni les recouvremens opérés sur les reprises de 1812 et 1813, ni les perceptions faites, pendant les premiers mois de l'année, dans les départemens séparés de la France par le traité de 1814 ; 2.° parce que le trésor a fait entrer en déduction des versemens imputables sur l'exercice 1814, une somme de 34,494,527 fr. 39 c., pour le remboursement fait à la caisse de service, en capital et intérêts, de partie des fonds avancés à la régie pour les dépenses de premier établissement du monopole des tabacs. Cette opération, qui ne diminue en rien le produit effectif des droits, qui n'est à bien dire qu'un revirement de partie, fut arrêtée dès la formation du budget réglé par la loi du 23 septembre ; et c'est par ce motif que les ressources offertes par les contributions indirectes pour 1814, n'y figurent, par aperçu, que pour 61,500,000 francs. Elle a été maintenue dans les comptes publiés pendant l'interrègne où les mêmes produits furent portés à 59,659,082 fr., montant des recouvremens opérés jusqu'alors ; enfin, elle

(1) Et non 91,477,349 fr. 92 c.

a également servi de base, en dernier lieu, pour la fixation des produits à porter au budget définitif de 1814 *(État n.° 4.)*, sur lequel on ne présente encore, comme ressource effective, que 61,020,521 francs 66 cent. (1). L'auteur de l'*Examen impartial* était premier Commis des finances, sous le ministère de M. le baron Louis, lorsque cette compensation fut opérée pour la première fois. Il était chef de division du ministre du trésor, lorsqu'elle fut maintenue pendant l'interrègne; enfin, c'est par suite des dispositions prises ou exécutées par ses soins à ces deux époques, que la compensation a encore eu lieu lors de la rédaction du dernier budget. Je laisse à penser s'il a pu y rester étranger (2).

PRODUITS particuliers du monopole des tabacs.

Pour n'avoir plus à revenir sur les calculs qu'il a

(1) La différence entre cette somme et celle de 59,659,082 francs ci-dessus, provient des versemens effectués dans l'intervalle des deux époques. Le budget définitif a été arrêté d'après les versemens faits au trésor au 1.er octobre 1815: ils s'élevaient à cette époque

à. . . . , ...	95,515,049 fr.	05 cent.
La somme à compenser était de. . . .	34,494,527.	39.
La ressource effective a été portée à. . .	61,020,521.	66.

On a dit plus haut que les versemens au 1.er janvier s'élevaient à 97,294,980 francs: la différence entre cette somme et celle de 95,515,049 fr. 05 c. a encore pour cause les recouvremens opérés d'une époque à l'autre.

(2) On donne pour certain que le rapport fait par le ministre du trésor au ministre des finances pendant l'interrègne, par lequel l'opération dont il s'agit fut proposée et justifiée, a été minuté par l'auteur de l'*Examen impartial* lui-même.

insérés dans son ouvrage, je passerai, dès ce moment, à ceux par lesquels il établit les revenus du monopole pendant quatre ans, et les compare aux produits de l'impôt.

Le résultat de cette comparaison est, selon lui, une somme de 51 millions mise à la charge du trésor. « Voilà, s'écrie-t-il, voilà les effets du monopole, *tels » qu'ils sont consignés dans quatre comptes de finances.* » Puissent-ils corriger les gouvernemens et les admi- » nistrations de cette manie du monopole, qui est aussi » peu profitable aux finances, qu'injuste et funeste à » l'industrie et au commerce! »

Je n'ai point l'intention de défendre le monopole : on sait assez à quelle volonté celui des tabacs dut son établissement. Des considérations de la plus grande force pourraient cependant justifier cette mesure, si la plus puissante de toutes, le respect dû à la propriété, ne la condamnait sans retour. J'adopte donc les principes de l'auteur, mais je pense encore comme lui que l'injustice étant consommée, et ne pouvant plus être réparée, l'intérêt du trésor ne permet pas de revenir sur ce qui a été fait. Je ne puis admettre de même qu'il soit encore douteux que le trésor ait retiré quelque avantage du monopole. Pour détromper l'auteur à cet égard, pour désabuser les personnes qu'une confiance naturelle dans des résultats présentés comme extraits des comptes des finances a dû induire en erreur, il me suffira de le suivre dans ses calculs et d'en relever les nombreuses inexactitudes.

Pour établir les produits du monopole, l'auteur réunit ensemble :

1.° Les recettes brutes faites en 1811. . . .	28,861,024 fr.
2.° Les versemens au trésor en 1812.	40,000,000.
3.° Ceux de 1813.	18,830,972.
4.° Pour 1814, un produit présumé de 15 millions, établi dans la proportion des produits généraux de la régie qui ne figurent au budget de 1814 que pour 61,020,522 francs, ci.	15,000,000.
TOTAL.	102,691,996.
Dont il retranche la somme due au trésor. . .	45,000,000.
Ce qui le conduit à conclure que le produit du monopole pendant quatre années a été pour le trésor, de	57,691,996.
Mais il déduit encore de cette somme le montant des cautionnemens, qu'il dit avoir été absorbé par la régie, ci.	33,000,000.
Ce qui réduit, suivant lui, le véritable produit à	24,691,996.

La grande habitude des calculs que l'on doit supposer à l'auteur, permettra difficilement de comprendre comment il a pu réunir ensemble des élémens aussi discordans, pour en former un résultat auquel on dût avoir confiance. Il n'a pu, par exemple, ignorer que les 28,861,024 fr. formant le produit brut de la vente, en 1811, des tabacs fabriqués, ne pouvaient être présentés comme faisant partie des bénéfices du monopole.

Il savait bien, de plus, ainsi que nous l'avons expliqué plus haut, que la réduction, sur le budget, des produits généraux de la régie à 61,020,522 fr., était causée par une compensation qui n'empêchait pas que les versemens ne se fussent élevés à plus de 97 millions; et puisqu'il faisait entrer, en déduction du produit du monopole, les 45,000,000 fr. avancés par la caisse de service à la régie, il ne pouvait plus retrancher des produits de 1814 en particulier, les 34 millions faisant partie de cette même avance, qui avaient déjà été compensés. Il suit de là qu'en portant les bénéfices du monopole en 1814, à 15 millions seulement, au lieu de 37 millions environ qu'il a produits, il s'est trompé de 22 millions.

Enfin il n'a point compris dans les produits du monopole le capital de la régie, quoiqu'il fasse figurer en dépense les sommes fournies par le trésor pour le payer, et quoique ce capital soit réalisable, puisqu'il se compose de matières qu'on débite tous les jours, ou d'immeubles qu'il serait très-aisé de vendre. L'auteur évalue ce capital à 83,949,035 fr., on ne sait pourquoi (1), puisqu'il n'était, à l'époque citée par lui, que de 38,114,938 fr. 26 cent. : il le considère comme mort pour le trésor; ce qui est inexact, puisque la régie a payé des intérêts sur les emprunts qui ont servi

---

(1) Cette somme, que l'auteur a prise, pour *le capital mort* de la régie, est au contraire le *bénéfice net* du monopole présenté par aperçu dans la situation publiée en juin 1815. On verra plus loin que, par les écritures définitives, ce bénéfice se trouve très-faiblement augmenté.

N'est-il pas incroyable qu'un écrivain, à qui ces matières sont familières, se méprenne à ce point dans l'examen de comptes fort clairement établis ?

à l'acquérir; enfin il le présente comme perdu sans retour, quoiqu'il se compose au contraire de valeurs très-réelles et très productives entre les mains de la régie.

Ces observations font apercevoir déjà avec quelle inexactitude l'auteur a établi la première partie de sa comparaison. Je releverai également les erreurs de la seconde, avant de présenter les calculs au vrai, tels qu'il eût dû les établir.

Pour apprécier les produits qu'aurait offerts la fabrication libre, si l'on eût continué à la soumettre à l'impôt précédemment établi, il suppose, pendant chacune des quatre années, une recette égale à celle de 1810, c'est-à-dire 21,126,745 fr. 28 cent.

Cette somme, prise dans les comptes de 1810 (page 242), est le produit *brut* du droit. Pour qu'elle pût être mise en opposition avec le bénéfice ou le produit *net* du monopole, il fallait du moins en retrancher les frais de perception.

D'un autre côté, l'auteur oublie que les tabacs payaient, à l'importation, des droits de douanes dont il devait ajouter le produit net à celui des droits de fabrication, avant d'établir sa comparaison.

Enfin il perd de vue qu'en 1810 la perception était établie dans cent trois départemens, tandis qu'en 1814 la France ne comptait plus que 86 départemens; que, dans l'intervalle de ces deux années, l'administration française a été introduite d'abord en Hollande, puis jusqu'à Hambourg; mais qu'ensuite l'envahissement, pendant une partie de 1814, a réduit l'exercice du monopole à un territoire beaucoup moins étendu que celui conservé au royaume par le traité de paix.

A ces considérations, qui ne permettent pas d'admettre la base prise par l'auteur, il faut ajouter que les produits de 1810 sont les plus élevés de ceux qui ont été obtenus du droit pendant les huit années qu'il a été perçu; que cela ne tient point à ce que la perception marcha dans une *proportion croissante*, mais uniquement à ce que l'établissement du monopole, connu d'avance, fit augmenter la fabrication pendant la fin de l'année, et accrut considérablement les approvisionnemens particuliers. Ces causes, qu'il est impossible de révoquer en doute, parce qu'elles sont à la connaissance de tout le monde, autoriseraient donc à rejeter, comme terme de comparaison, les produits de 1810, ou au moins à en retrancher une somme de 2 millions, à laquelle on peut évaluer les recettes extraordinaires causées par l'établissement prochain du monopole. Toutefois, afin de partir du même point que l'auteur, nous admettrons cette base, non pour établir les produits probables du droit pendant les quatre années, parce que les changemens successifs dans les limites du territoire rendent cette évaluation tout-à-fait impraticable; mais seulement pour déterminer, une fois pour toutes, le produit net que l'on eût pu retirer annuellement du droit, en en continuant la perception dans les quatre-vingt-six départemens dont la France est actuellement composée. Ce produit, mis en opposition avec celui que le monopole a offert jusqu'ici, malgré les difficultés dont il a été environné, avec celui qu'il doit offrir dans les temps plus heureux qui commencent à naître pour la France, fera juger des avantages que ce système assure au trésor, et conséquemment de l'inexactitude des calculs insérés dans l'Examen impartial.

Le droit à la fabrication et à la vente des tabacs, et le produit des licences, se sont élevés définitivement en 1810, suivant le compte rendu par la régie, à.	22,409,222 fr.
Les droits à l'importation ont produit pendant la même année.	3,079,628.
TOTAL brut	25,488,850.

La population des cent trois départemens où la perception était alors établie, s'élevait à 35,120,036 ames.

La population des quatre-vingt-six départemens actuels est de 29,482,585 ames.

Réduits dans cette proportion, les produits bruts ne s'éleveraient plus qu'à.	21,385,145 fr.
Dont il faut déduire les frais de perception, évalués à 15 pour 100	3,207,771.
Reste pour produit net dans quatre-ving-six départemens.	18,177,374.

Voyons maintenant quels ont été les résultats, au vrai, du monopole, pendant les années que l'auteur a adoptées pour ses calculs.

L'excédant des recettes sur les dépenses, et conséquemment la partie des versemens faits par la régie au trésor, applicable aux produits du monopole, a été

Pendant les six derniers mois de 1811, de		28,373,305 fr.
En 1812, de		40,644,621.
En 1813, de		19,394,107.
En 1814, de		1,941,835 (1).
		90,353,868.
Recouvremens à opérer sur le département de la guerre		714,000.
TOTAL des versemens au trésor		91,067,868.
Capital de la régie au 31 décembre 1814 :		
En tabacs, évalués au prix d'achat à	31,537,416.	38,114,938.
En immeubles et ustensiles, &c.	6,577,522.	
TOTAL de l'actif		129,182,806.
A déduire,		
Pour cautionnemens reçus par la régie	32,487,050.	45,067,050.
Pour solde de l'emprunt de 68 millions fait à la caisse de service	12,580,000.	
Bénéfice réel d'exploitation		84,115,756.

Ce bénéfice est incontestable, il ne résulte d'aucune supposition, mais de faits bien exacts, que la Chambre des Députés pourrait facilement vérifier; il n'embrasse point d'autres élémens que ceux qui ont servi à l'auteur de l'*Examen* pour arriver à l'évaluation de 24,691,996 francs qu'il donne au même produit: conséquemment voilà encore, sur ce point, une erreur bien démontrée de 60 millions.

Cette erreur serait même plus considérable, si,

(1) Cette somme est ainsi réduite à cause de la compensation de 34 millions, dont nous avons parlé.

poussant plus loin notre calcul, nous l'eussions établi avec ce scrupule, que l'auteur aurait dû mettre dans le sien, ne fût-ce que pour justifier l'épithète d'*impartial* qu'il donne à son examen.

En effet, au bénéfice ci-dessus de.	84,115,756 fr.
Nous eussions dû encore ajouter,	
1°. Pour remboursemens faits par la régie, de droits de fabrication et de douanes, payés antérieurement, sur les tabacs dont elle a pris possession.	9,230,450.
2.° Pour intérêts sur les versemens faits par anticipation en 1811 et 1812, la régie ayant tenu compte à la caisse de service, des intérêts à 5 pour cent sur ses obligations, jusqu'à leur remboursement ou leur compensation.	3,671,250.
Enfin nous eussions pu faire figurer la valeur des matières enlevées à la régie, par les événemens de la guerre, perte tout-à-fait étrangère au système, ci	26,248,485.
A ce moyen, le résultat réel de l'exploitation du monopole, pour trois ans et demi, se trouverait porté à	123,265,941.
Ce qui donne, année commune.	35,218,840.

Que l'on compare cette dernière somme à celle de 18,177,374 que les droits de fabrication et de douanes eussent produit net, par année, dans la France actuelle, ou même, si l'on veut, qu'on se figure ce qu'eussent été les mêmes produits dans la France, telle qu'elle a été pendant ces trois ans et demi, et l'on jugera à quel point d'exagération l'auteur est arrivé, en supposant entre les deux systèmes une différence, au préjudice du trésor, de plus de 51 millions.

Mais pour avoir une idée exacte des avantages du monopole, ce n'étaient pas les premières années de son existence qu'il fallait prendre pour exemple, 1.° parce que les frais de premier établissement, compris dans les frais ordinaires d'exploitation, ont élevé ceux-ci, dans les dix-huit premiers mois, à 15 millions au-delà de ce qu'ils auraient été en prenant pour terme de comparaison les dépenses de 1813;

2.° Parce que la régie, obligée de reprendre du commerce une quantité de tabac hors de toute proportion avec les besoins de sa fabrication, s'est vue forcée à des emprunts dont les intérêts ont absorbé une partie de ses bénéfices;

3.° Parce que les approvisionnemens particuliers et sur-tout les événemens de la guerre, ont fait un tort considérable aux produits.

L'exercice 1815 serait un meilleur terme de comparaison, si de nouveaux malheurs n'eussent accablé la France pendant cette année. Voici le résultat qu'a offert le monopole à travers ces funestes circonstances.

Produit brut de la vente.		53,287,023 fr.
A déduire,		
Achat de tabacs.	3,818,145.	12,621,634.
Frais d'exploitation.	8,803,489.	
Versemens au trésor.		40,665,389.
Recouvremens à opérer sur les départemens de la guerre et de l'intérieur		2,719,507.
TOTAL.		43,384,896.

Report.		43,384,896 fr.
Mais le capital de la régie compté au 1.er janvier 1815 pour.	38,114,938.	
Ne valait plus au 31 décembre, par défaut de remplacement de tabac, que.	28,721,006.	
Ce qui forme une réduction à imputer sur les produits, pour connaître les bénéfices, de.	9,393,932.	10,542,772.
Plus les intérêts d'un an sur le capital mort, ci.	1,148,840.	
PARTANT, le bénéfice net de l'exercice 1815 est de.		32,842,124.

Ainsi, cette année encore, le monopole a produit dans les quatre-vingt-six départemens, abstraction faite de la réduction du capital, près de 15 millions de plus qu'on n'eût obtenu des droits de douanes et de fabrication dans un temps ordinaire, et en partant toujours de la comparaison forcée des recettes de 1810. Que l'on ne perde pas de vue, cependant, que, dans le cours de 1815, les lignes de douanes ont été levées et la contrebande organisée ; qu'enfin la régie a suspendu son service dans plus de moitié de la France. Or, on le demande, qu'eût-on obtenu de l'impôt dans de pareilles circonstances ?

Pour 1816, les produits du monopole ne sont compris au budget qu'en raison d'une recette brute de 38 millions, ce qui, après déduction des frais généraux d'administration, n'offrira au trésor qu'une ressource nette de 33 millions. Il n'en faut pas conclure, cependant, que les bénéfices seront réduits à cette somme.

On vient de voir qu'en 1815 les tabacs vendus n'ont pas été remplacés en totalité. Les approvisionnemens devront donc être plus considérables en 1816; et par la même raison que nous avons retranché des versemens faits au trésor en 1815 la diminution du capital de la régie, on devra ajouter en 1816 à ces mêmes versemens l'augmentation qu'aura éprouvée le capital, pour connaître les bénéfices de l'exercice. Cette observation conduit à reconnaître que ce n'est pas uniquement par l'excédant des recettes sur les dépenses qu'on peut juger chaque année des résultats du monopole, et qu'ils ne peuvent être fixés avec exactitude qu'au moyen de l'inventaire du capital de la régie.

Il est cependant une manière d'évaluer ce résultat, au moins par aperçu : c'est d'après les quantités de tabacs vendues.

La vente annuelle, estimée à 9 millions de kilogrammes, donne une recette brute de.		56,000,000 fr.
Pour remplacer cette quantité, il faut acheter 8 millions de kilogrammes de feuilles indigènes, qui doivent coûter, dans un temps ordinaire, tout au plus 60 fr. les 100 kil. (terme moyen), ci. .	4,800,000.	
Et 2 millions de feuilles exotiques à 200 francs.	3,500,000.	
	8,800,000.	
Les frais de manutention et de fabrication, sont de.	3,500,000.	13,800,000.
Les frais de transports, de.	1,500,000.	
PARTANT, le produit est de.		42,200,000.

Report.	42,200,000 fr.
A déduire pour frais de vente et frais généraux d'administration à 15 pour cent.	6,255,000.
D'où il résulte un produit annuel net, et sauf l'intérêt du capital mort, de	35,945,000.

C'est celui sur lequel on peut compter, tant que la contrebande sera favorisée par des causes qu'il n'est pas au pouvoir de la régie de combattre; mais que l'on suppose les ventes portées à dix millions de kilogrammes, comme elles devraient l'être et comme elles l'ont été en 1810 et en 1813 dans les quatre-vingt-six départemens, on aura 40 millions environ de bénéfice. Nous le dirons encore, les droits en 1810 ont produit net 18 millions: la différence en faveur du monopole serait donc de 22 millions, toutes choses égales.

Ce dernier calcul prouve, en outre, que le véritable secret de l'administration du monopole consiste dans l'accroissement des ventes, et par conséquent dans le perfectionnement de la fabrication et dans la répression de la fraude. L'ordre et l'économie dans les dépenses, que l'auteur de l'*Examen impartial* place en 1.re ligne, ne doivent certainement pas être négligés; mais nous ne voyons pas, d'après les calculs ci-dessus, qu'il reste beaucoup à faire, et on aurait une très-fausse idée de l'état des choses si l'on croyait que les améliorations à introduire à cet égard, et qui ne peuvent arriver qu'à l'aide de l'expérience, pussent accroître les revenus de l'état d'un demi million: nous ne savons pas même si ces améliorations, poussées jusque-là, ne seraient pas obtenues aux dépens de de la surveillance, et ne compromettraient pas les recettes dans une proportion bien autrement funeste au trésor que l'économie qu'elle produirait ne lui serait avantageuse. Tout a son terme dans une administration sagement dirigée. Là, comme par-tout ailleurs, le mieux est souvent l'ennemi du bien. Un administrateur qui, s'inquiétant peu des recettes, mettrait toute sa gloire à réduire les dépenses, anéantirait bientôt le zèle des agens placés sous ses ordres, relâcherait peut-être même chez quelques-uns les liens de l'honneur, et n'apporterait en résultat au trésor, pour fruit du découragement qu'il aurait fait naître chez les employés, et d'un mécontentement général, que des tributs inférieurs de beaucoup à ceux qu'un système opposé lui aurait permis d'offrir.

L'accroissement des recettes, au contraire, toujours obtenu aux dépens des spéculations de la fraude, toujours favorable conséquemment aux redevables de bonne foi, dispense de taxer de nouvelles matières, d'imposer de nouvelles entraves au commerce et à l'industrie ; il a aussi pour résultat certain de diminuer les frais de régie, non en somme, mais relativement aux produits ; et cet avantage inappréciable, liant encore, en quelque façon, le sort d'un grand nombre d'employés à celui de l'État, devient un gage non équivoque de leur fidélité et de leur dévouement.

J'ai démontré, je crois, jusqu'à la dernière évidence, que l'auteur avait commis beaucoup d'erreurs dans ses observations sur les produits des contributions indirectes. Je vais examiner si ses réflexions sur le projet de loi soumis à la Chambre présentent plus de solidité.

EXERCICES. Je trouve dans l'*Examen impartial* (page 16) cette phrase remarquable : « *On ne peut pour les boissons » suivre la marche de la consommation dans ses dé- » placemens et dans ses variations journalières, qu'au » moyen des exercices ; il faut donc les rétablir.* » C'est présenter en peu de mots, et avec la plus exacte vérité, la cause qui s'opposera toujours à la réussite de tout autre mode de perception sur les consommations ; et cette opinion de l'auteur, devenue générale par suite de l'essai qu'on vient de faire, me dispense d'expliquer ici la nécessité des exercices. Mais pourquoi, lorsqu'on énonce en termes aussi précis un principe aussi incontestable, insinuer que les dispositions favorables des contribuables sont dues aux formes vexatoires qu'on a su donner au mode de répartition établi par l'acte du 8 avril 1815 ? C'est le 1. juin seulement que ce régime a commencé. A peine un mois s'était écoulé lors du retour de notre auguste Souverain : les cruelles circonstances qui l'avaient précédé, n'avaient permis à l'autorité que de donner une attention très-secondaire à cette partie de l'administration ; elle ne marcha avec quelque régularité qu'après l'ordonnance du ROI du 29 juillet, qui maintenait, avec des modifications, l'acte du 8 avril. Les principales mesures à prendre, dépendaient de MM. les préfets et des conseils de préfecture ; par-tout elles ont été exécutées avec modération, quoique avec beaucoup de zèle. Il ne s'agissait point de faire consentir forcément des *abonnemens impériaux*, comme l'auteur le prétend, non sans dessein; mais d'assurer au gouvernement remis dans les mains de l'autorité légitime, des ressources qui devaient contribuer si puissamment au maintien de l'ordre et à l'allégement des charges énormes qui pesaient sur la France. Tous les adoucissemens qui ne détournaient pas de ce but ont été adoptés, et il y a eu autant de preuves de vrai dévouement dans l'activité de l'autorité à faire rentrer les droits, que dans les soins apportés à ce que l'exécution d'une mesure reconnue mauvaise, mais commandée par la force des choses, n'aliénât pas au meilleur des Rois le cœur d'un seul de ses sujets. Ce serait donc calomnier gratuitement, non la régie, mais MM. les préfets, à qui, nous le répétons, le succès obtenu est dû en grande partie, que d'attribuer l'éloignement manifesté pour ce mode de perception à toute autre cause qu'aux vices qui lui sont propres.

A cette supposition, qui paraît être la conséquence d'une prévention tout-à-fait injuste contre la régie, l'auteur en ajoute une qui n'est pas exempte du même reproche. Il pose en fait que les dispositions du projet de loi relatif aux droits sur les boissons, sont plus rigoureuses que celles de la loi du 8 décembre 1814, qu'il considère comme étant le fruit des profondes méditations du directeur général qui l'a proposée, et dont on devait, selon lui, se borner à ordonner l'exécution, puisque l'acte illégal du 8 avril n'avait pu l'annuller.

L'auteur n'a lu, à ce qu'il paraît, ni la loi du 8 décembre, ni le nouveau projet. Si, avant d'écrire, il eût pris cette peine, il eût vu d'abord que l'article 148 de la loi du 8 décembre ayant limité son existence jusqu'au 1.er janvier 1816, il fallait nécessairement en reproduire une nouvelle. S'il eût comparé les dispositions de l'une et de l'autre, il eût reconnu qu'il n'est aucun des adoucissemens introduits par la loi du 8 décembre dans la législation ancienne, qui ne se retrouve dans le projet; que de nouvelles modifications favorables aux contribuables y ont trouvé place, entre autres la faculté de consentir des abonnemens reproduite sous diverses formes; qu'il n'y a point été inséré d'obligation plus gênante; qu'enfin, et sauf une distribution plus méthodique des dispositions, plus de clarté dans certains articles, une rédaction mieux soignée, les deux lois sont parfaitement identiques.

Personne, au surplus, ne conteste les lumières du directeur général qui a présenté la loi du 8 décembre; mais on ne peut s'empêcher de remarquer qu'aussi nouveau, aussi étranger, en apparence, aux contributions indirectes lors de la rédaction de cette loi, que le directeur général actuel, il n'a pu que puiser aux mêmes sources les renseignemens *de pratique* dont il s'est éclairé, et qu'il avait de moins que ce dernier l'avantage *d'une expérience personnelle*, acquise par l'exercice des fonctions de préfet dans différentes provinces et au milieu de circonstances difficiles.

C'est sans doute encore à la même prévention qu'il

faut attribuer les réflexions étranges auxquelles l'auteur se livre sur l'ensemble des opérations de la régie? A l'entendre, jalouse d'irriter les contribuables, d'exciter contre eux les vexations, d'aggraver leur condition par des persécutions sans objet, l'administration ne rêverait que projets sinistres et destructeurs : étrangère à tout *ordre,* à toute *intelligence*, elle n'aurait d'autre plan, d'autre vue que de favoriser *l'immoralité* et la *fainéantise;* ses agens, avilis par une épithète méprisante, sont signalés au peuple à peu près comme des bandits prêts à fondre sur leur proie au premier signal.

Exprimée avec plus de calme par un homme qui se montrerait véritablement *impartial;* appuyée sur-tout de quelques preuves, cette inconcevable accusation exigerait peut-être un sérieux examen; mais ne serait-ce pas accorder trop d'importance à des déclamations évidemment étrangères au sentiment du bien public, que de s'y arrêter un seul instant?

Je me bornerai donc à faire remarquer que l'auteur se trompe de près de moitié, quand il porte à 30 pour 100 les frais de perception des impôts indirects; que l'art, inconnu en France, selon lui, et porté à un si haut degré de perfection en Angleterre, de lever les contributions à peu de frais, n'est autre chose qu'une conséquence naturelle de la position favorable où se trouve placée l'administration de ce pays, qui, étant chargée de percevoir une somme d'impôts très-considérable, peut le faire sans y employer beaucoup plus d'agens que ne l'exigeraient, là comme par-tout ailleurs, des taxes bien moins élevées et bien moins multipliées ; que la création des nouveaux droits proposés nous ferait faire, dès à présent, un grand pas vers cette économie si desirable, et qu'enfin elle sera poussée jusqu'au terme qu'il nous est donné d'atteindre, lorsque la portion de l'impôt foncier dont on juge que les propriétés doivent être dégrevées, sera remplacée par des taxes sur les consommations.

J'ajouterai que chez ce peuple si fier de ses institutions libérales, chez lequel tout est sacrifié à la prospérité du commerce et de l'industrie, que l'on cite à tout propos, trop souvent par un sentiment contraire à la dignité nationale ; que chez ce peuple, dis-je, où l'auteur croit les contribuables si fort à l'abri des obligations gênantes imposées par nos lois, la législation des impôts indirects et les moyens d'exécution, sont, au contraire, d'une sévérité que rien n'égale chez nous.

Relativement à cette prétendue réforme, que l'auteur croit si nécessaire, je répéterai qu'en retirant à des employés chargés d'un service pénible le juste salaire qui leur est dû, en supprimant quelques emplois dont l'utilité n'est bien appréciée que par l'expérience, guide que les novateurs, en général, se soucient fort peu de consulter ; en privant de leur état des pères de famille qui ont sacrifié les plus belles années de leur vie au service et sont hors d'état de commencer une nouvelle carrière ; en adoptant enfin les vues de la plus rigoureuse parcimonie, loin d'obtenir *une abondante moisson qui doive combler les coffres du trésor et attirer les bénédictions des peuples*, on se procurerait peut-être une économie de quelques centaines de mille francs; mais qu'on n'y parviendrait qu'en portant aux produits de l'impôt les plus funestes atteintes, et en excitant les plaintes amères de serviteurs fidèles et dévoués. Quelques essais de ce système décourageant ont pu donner une idée des effets qu'il produirait si l'exécution en était poursuivie sans mesure. Les réformateurs ne veulent pas voir que l'activité des employés est la principale garantie des produits de l'impôt indirect. Otez-leur une partie de leur traitement, privez, par exemple, ceux des campagnes des moyens d'entretenir un cheval, et leurs visites chez les contribuables seront beaucoup plus rares; la fraude, pendant leur absence, aura détourné la majeure partie des droits; les opérations n'en seront pas moins faites avec *ordre;* il n'y aura rien à dire contre l'*intelligence* de l'administration ou de ses agens; la plus *stricte économie* aura présidé aux dépenses: mais l'accomplissement de ces trois conditions, que notre auteur considère comme étant la source de la plus grande prospérité, n'empêchera pas que les recettes ne soient presque nulles, et que les dépenses, toutes réduites qu'elles seront alors, ne soient dans une proportion intolérable avec les revenus.

Je ne fatiguerai pas davantage mes lecteurs en discutant les réflexions de l'auteur de l'*Examen impartial;* j'en ai même trop dit, sans doute, pour les personnes qui ont donné quelque attention à l'esprit dans lequel le passage que je combats a été écrit. Je passe aux observations relatives aux différens droits présentés par le projet de loi.

BOISSONS. C'est une erreur d'annoncer que quelques-uns des droits sur les boissons sont accrus. Celui de vente en détail est maintenu à 15 pour 100, taux fixé par la loi du 8 décembre. Le tarif du droit de mouvement est le même que celui annexé à la même loi, sauf une division des eaux-de-vie en trois classes, opérée sur la demande et dans l'intérêt du commerce. Les droits d'entrée restent tels qu'ils étaient depuis le 1er. juin 1815. Cette assertion étant inexacte, ce sera donc à la médiocrité de la dernière récolte et aux malheurs des temps qu'il faudra attribuer la diminution de produit, si les prédictions de l'auteur s'accomplissent.

CARTES. Le monopole des cartes est une mesure de peu d'importance en elle-même, que la régie s'est décidée à proposer dans la vue de sortir des difficultés sans nombre que l'impôt a suscitées depuis sa création. Ce moyen était peut-être le meilleur, en diminuant le prix des cartes, et conséquemment les charges des contribuables, de détruire la fraude et d'augmenter les produits. Si, malgré la nature toute particulière de l'objet imposé, le respect dû à la propriété doit l'emporter sur toute autre considération, comme je suis très-porté à l'admettre, l'on doit au moins, par des dispositions nouvelles, baisser le droit et faire disparaître de l'ancienne législation tout ce qui embarrassait la perception, sans avantage pour les contribuables.

L'auteur n'attaque en aucune manière le projet de loi sur les tabacs; il s'étend seulement en calculs sur les produits du monopole. J'ai montré ailleurs dans quelles erreurs il est tombé; j'ai fait disparaître toute incertitude sur les résultats annuels qu'on peut en obtenir : ils sont tels qu'ils ne peuvent rendre douteuse la nécessité de maintenir le système actuel. TABACS.

Le droit sur les fers est celui qui obtient le plus facilement grâce aux yeux de l'auteur; mais les considérations qui le déterminent n'en sont pas mieux fondées. Selon lui, les maîtres de forges, favorisés outre mesure par la loi du 21 décembre 1814, *au détriment de l'industrie française*, ne peuvent se plaindre du nouvel impôt. On se demande d'abord s'il est possible qu'une loi qui frappe les fers étrangers d'un droit élevé, puisse être considérée comme étant funeste à *l'industrie française*, lorsqu'elle favorise une exploitation nationale des plus étendues, qui fait vivre des milliers d'ouvriers, et donne de la valeur à beaucoup de nos forêts. Il s'en faut, au surplus, que la loi du 21 décembre 1814, ait favorisé les maîtres de forges. Le droit qu'elle établit à l'importation des fers étrangers est sans doute à l'avantage de la fabrication nationale; mais une des dispositions de cette loi ayant considéré comme importées avant l'élevation du droit, les quantités énormes FERS.

de fers étrangers alors en entrepôt, les maîtres de forges, par l'effet de cette concurrence, ne profiteront de long-temps encore de la mesure critiquée par l'auteur. Enfin, cette mesure leur eût-elle procuré un avantage immédiat, le nouveau droit de fabrication proposé n'y porterait pas atteinte, puisque le projet de loi sur les douanes élève dans la même proportion le droit établi à l'importation.

Nous ne pouvons nous abstenir de relever encore une des observations de l'auteur. Les maîtres de forges, dit-il, n'auront point à se plaindre du droit, mais l'industrie française éprouvera une nouvelle surcharge : nous nous étonnons toujours de voir ainsi les maîtres de forges mis en opposition avec l'industrie française ; mais passons : si les premiers, en supportant le droit, n'ont point à s'en plaindre, parce que, d'une autre part, ils sont assez favorisés, pourquoi alors l'industrie française qui ne paierait rien, car on ne peut payer de deux côtés, serait-elle découragée ? Si, au contraire, comme nous le croyons fermement, le droit ne doit pas être supporté par les maîtres de forges, pourquoi alors s'inquiéter si ceux-ci auront à se plaindre ? pourquoi, dans cette hypothèse, le droit serait-il supporté par l'industrie française seulement? pourquoi, au contraire, ne suivrait-il pas la matière jusque chez le consommateur ? De deux choses l'une : ou l'impôt peut nuire à la consommation, et, dans ce cas, l'industrie, comme les maîtres de forges, doivent s'en trouver lesés, ou bien la consommation restera la même, et alors le consommateur seul paiera l'impôt. C'est toujours un de ces deux effets que doit produire l'établissement d'un droit, à moins que la contrebande sur la matière imposée ne vienne détruire l'équilibre, ce qui n'est point à craindre quant aux fers. Le point à considérer est donc de n'élever la taxe qu'autant qu'elle peut l'être sans nuire sensiblement à la consommation.

CUIRS

Les réflexions qui précèdent répondent à la principale objection de l'auteur relativement aux cuirs; il prétend que le droit retomberait sur les fabriques et nuirait à leurs progrès : nous ne pouvons croire à cet effet. Ce n'est point un impôt de trois sous par livre sur une matière dont le prix s'accroît à l'infini avant d'arriver au consommateur, qui puisse diminuer la consommation. Certes, six sous au plus par paire de souliers, et quinze ou vingt sous au plus par paire de bottes, n'empêcheraient personne de se chausser. La concurrence de l'étranger n'est point à craindre : les cuirs fabriqués sont prohibés ; nos fabricans travaillent aussi bien que ceux du dehors, et le droit modique que l'on propose d'établir ne peut offrir un appât suffisant à la contrebande.

La deuxième objection de l'auteur repose sur la difficulté de percevoir le droit. Comme à l'ordinaire, il ne précise rien; mais cette fois il a pu s'appuyer d'un mémoire très-étendu, rédigé par M. Dupont de Nemours en 1789, dans lequel la décadence de nos manufactures est attribuée à l'impôt dont leur produit était frappé. Les faits publiés par cet écrivain pourraient avoir un grand poids en faveur de son opinion, si l'on ne voyait le soin qu'il a mis à écarter tous les faits contraires qui pouvaient atténuer ses preuves, et si la prévention et l'esprit de système ne prenaient quelquefois dans son écrit la place du raisonnement. Nous ne pouvons actuellement contester des résultats que nous n'avons aucun moyen de vérifier; mais, en les admettant même pour vrais, il ne nous serait pas prouvé encore que ce fût l'impôt qui eût nui à la prospérité de nos fabriques.

M. Dupont de Nemours lui-même nous en fait connaître la véritable cause: c'est la faveur qu'obtenait dans la consommation à cette époque les cuirs étrangers; c'est la faculté d'importation de ces cuirs, exigée de la France par le traité de commerce avec l'Angleterre, moyennant un droit qui, fixé à 15 pour cent du prix des déclarations, n'était réellement que de moitié du droit de fabrication. En fallait-il plus pour porter une atteinte mortelle à notre industrie; et peut-on craindre aujourd'hui, dans des circonstances toutes différentes, de voir se reproduire les mêmes effets?

C'est gratuitement que l'auteur de l'*Examen impartial* suppose les formes de perception proposées plus vexatoires que celles qui existaient anciennement: nous pouvons le défier de citer une seule disposition qui soit plus rigoureuse; nous pourrions, au contraire, indiquer des adoucissemens remarquables. Les mémoires publiés par le commerce en ont réclamé encore quelques-uns, qu'il est très-facile d'introduire dans la loi. Nous ne prétendons point qu'à l'aide de ces améliorations la perception du droit n'offre aucune gêne pour le fabricant : il est fort peu d'impôts qui puissent avoir cet avantage; mais nous croyons que, dans l'obligation de rechercher de nouvelles matières imposables, celle-ci, indiquée par tout le monde comme ayant été soumise anciennement à un droit, taxée de la même manière et par les mêmes moyens chez nos voisins, devait être choisie de préférence.

PAPIERS, DRAPS, TOILES et HUILES.

C'est en quatre lignes que l'auteur de l'*Examen impartial* émet son opinion relativement aux droits proposés sur ces matières. Elles sont bien choisies, dit-il; mais les formes arbitraires et inquisitoriales de surveillance et de perception en dévoreront les produits, décourageront l'industrie et réduiront la consommation.

Qu'il est facile de se tirer d'affaire avec ces lieux communs! On peut se donner à peu de frais l'air d'avoir tout prévu : il n'est point d'amendemens, de modifications, de changemens reconnus nécessaires, qu'on ne croie pouvoir s'attribuer, et tout cela peut-être sans avoir pris la peine de lire les projets, ou du moins sans avoir donné à leur examen plus de temps qu'il n'en a fallu pour écrire le peu de mots que nous venons de citer.

Ce n'est point ainsi qu'ont procédé les personnes véritablement instruites, qui, jalouses d'être utiles, ou même dans leur propre intérêt, ont écrit sur les nouveaux droits proposés. Dans leurs mémoires, modèles de modération et de dévouement, elles n'ont point cru que les rédacteurs du projet de loi fussent assez ineptes, assez mal intentionnés pour vouloir mettre à plaisir des entraves au commerce et à l'industrie, et tarir ainsi la source des produits qu'ils se proposaient de créer. Si elles ont eu à demander le changement de quelques dispositions qui leur parussent gênantes, elles l'ont fait avec la confiance d'être écoutées; mais, loin qu'elles aient réclamé généralement contre la sévérité des mesures proposées, on en a vu, notamment les fabricans de tissus et ceux de papier, présenter des contre-projets qui contenaient des dispositions beaucoup plus rigoureuses que celles qui font l'objet de la censure de l'auteur.

TRANSPORT des marchandises.

C'était pour ce droit que l'auteur réservait toutes ses foudres. Il n'a point de couleurs assez rembrunies pour en peindre les sinistres conséquences. Nous pourrions être effrayés d'avoir à répondre à des observations présentées avec tant d'énergie, si nous ne savions que ce n'est pas quand on s'échauffe le plus qu'on raisonne le mieux.

Réduisons les principales objections de l'auteur à leur plus simple expression.

1.° Le droit proposé n'est autre que la taxe d'entretien des routes sous d'autres formes. Cette taxe a été remplacée par un droit sur les sels qui est maintenu; donc il y a double emploi.

2.° Le nouveau droit atteindra les transports par eau

dans une proportion plus forte que ceux par terre. Il sera de 20 à 50 pour cent dans le dernier cas, et de 5 à 10 pour cent seulement dans le premier.

3.° Il y aura des marchandises qui le paieront cinq à six fois.

4.° Il pèsera sur les marchandises en raison de leur poids, et presque toujours en raison inverse de leur valeur.

5.° Les routes devront être couvertes de commis: l'impôt suffira à peine pour les payer.

C'est un bien singulier raisonnement que celui qui conduit l'auteur à trouver un double emploi entre le droit sur le sel et la nouvelle taxe proposée! Un impôt fut aboli il y a dix ans, un autre lui fut substitué. De nouveaux besoins obligent de se créer de nouvelles ressources. L'impôt aboli est jugé pouvoir être rétabli sous de nouvelles formes. Il n'offre aucune analogie avec celui qui l'a remplacé. Où est donc le double emploi? Il n'y aurait pas moyen de l'imaginer, si la substitution n'avait pas eu lieu il y à dix ans, et qu'on créât aujourd'hui l'impôt sur le sel. Cependant les deux droits existeraient ensemble, comme ils existeront si le projet est adopté; et ce qu'on ne pourrait supposer dans la première hypothèse, n'est pas plus admissible dans la seconde.

Il est très-inexact de prétendre que le droit s'élevera jusqu'à 10 pour cent sur les transports par terre, et jusqu'à 50 pour cent sur ceux par eau. Le terme moyen des prix du roulage est de 15 centimes par cent kilogrammes et par lieue. Le droit à un centime n'est donc que du quinzième, ou de 6 et 2 tiers pour cent. Souvent les transports par eau ne coûtent pas moins, mais souvent aussi ils se font à meilleur marché. Dans aucune réclamation du commerce on n'a évalué la différence à plus de moitié. Le droit s'élèverait donc à 13 et 1 tiers pour cent pour ces transports, et l'auteur rentre dans ses exagérations habituelles, quand il l'évalue jusqu'à 50 pour cent. Quoi qu'il en soit, une distinction entre l'un et l'autre mode de transport est nécessaire, si l'on considère sur-tout qu'il existe déjà des droits de navigation sur les canaux et rivières. Cette distinction peut faire l'objet d'un amendement. On ne pense pas que les transports par eau puissent être imposés à moins de moitié de ceux par terre, autrement l'équilibre n'existerait plus. Si l'impôt est établi, il faut qu'il maintienne entre les deux moyens de transport les choses dans l'état où elles sont actuellement. Il va sans dire que le droit sur les transports par eau ne doit pas être perçu en raison de la distance réelle à parcourir, mais bien en raison de la distance par terre. Le projet de loi ne contient aucune disposition qui puisse permettre une autre interprétation. L'auteur s'est créé une chimère pour la combattre.

Qu'importe que les marchandises paient ce droit en cinq ou six fois avant d'arriver au consommateur; elles ne le paieront toujours que suivant la distance parcourue; et comme elles ne feront pas plus de chemin en s'arrêtant six fois, que si elles étaient transportées

transportées sans interruption, elles n'en seront pas pour cela plus fortement imposées.

Nous arrivons à la grande objection, celle tirée de l'égalité de la taxe pour des matières de valeurs très-inégales.

Ce n'est point, à proprement parler, sur la marchandise transportée que doit peser l'impôt, mais bien sur l'industrie du roulier; et, sous ce point de vue, on ne peut nier que l'objet imposé ne le soit très-exactement en raison de son produit. Mais, dira-t-on, le roulier doit se rembourser sur le propriétaire de la marchandise, et en dernière analyse, c'est le consommateur qui doit supporter le droit. Ce raisonnement est incontestable; mais le consommateur supportera le droit qui sera l'accessoire des frais de transports, comme il supporte le principal, comme il supporte dans bien des cas les bénéfices du fabricant et du marchand, et la main-d'œuvre de l'ouvrier, qui rarement sont en rapport avec la valeur intrinsèque de la matière; comme il supporte le remboursement des droits de patentes imposés sur le commerce, de ceux de tonnage perçus dans les ports, de péage sur certains ponts, et de navigation sur les rivières et canaux; comme il supportait le remboursement de la taxe d'entretien des routes lorsqu'elle existait, et comme ce même remboursement s'opère dans les pays où le droit de passe existe. Si toutes ces causes, qui agissent de telle sorte qu'une matière de valeur presque nulle à son origine, est souvent décuplée de prix en arrivant au consommateur, ne nuisent pas cependant à la consommation, il n'est pas possible d'admettre que le nouveau droit, qui agira de la même manière, et dans une proportion extrêmement faible, puisqu'il ne sera que du quinzième au plus d'une portion seulement des frais accessoires; que le nouveau droit, disons-nous, puisse produire un effet que tout le reste ensemble ne produit pas.

Le tableau effrayant des mesures que la surveillance du nouveau droit exigera, peut donner une idée de l'imagination de l'auteur, féconde en sinistres présages. Selon lui, *les routes seront jonchées de commis en sentinelle;* les voitures, les bateaux ne pourront faire un pas sans être visités et déchargés; sans que les marchandises soient mises en péril. C'est un bouleversement général; rien ne sera sacré pour les employés. Le commerce sera à l'instant frappé de ruine ou d'inaction, les routes seront bientôt désertes; vrai fléau, cet impôt portera par-tout la dévastation ou la mort.

Si l'on avait à craindre ces désastreux effets, si même ce tableau, pour lequel l'auteur avait réservé ses teintes les plus sombres, était, nous ne dirons pas fidèle, mais seulement exagéré, il faudrait se hâter de mettre à l'écart un projet qui ne paraîtrait que le rêve d'un homme en démence; mais que dira-t-on si nous annonçons que de tous les droits anciens et nouveaux compris au projet, c'est celui-ci qui doit être perçu avec le moins de frais et de formalités; que loin de peupler les routes de surveillans, il n'exigera pas la création d'un seul employé ; que tous les élémens d'une surveillance simple, sûre et facile, se trouvent dans l'organisation actuelle de la régie, et que les vérifications se feront dans les mêmes lieux, à l'aide des mêmes moyens, avec les mêmes facilités que celles qui se pratiquent déjà en vertu des lois en vigueur? Les employés de la régie, sur les routes et aux portes des villes, ont actuellement pour attribution particulière d'exiger l'exhibition des lettres de voiture timbrées, et de s'assurer qu'elles concordent avec les chargemens; les voitures sont pesées à leur passage sur les ponts à bascule, dans l'intérêt de la conservation des routes; le poids des chargemens des bateaux, soumis au droit de navigation, est reconnu par des procédés géométriques : c'est par les mêmes moyens, c'est dans les mêmes circonstances que se feront les nouvelles vérifications, dans l'intérêt du nouveau droit ; il n'exigera à peu près d'autre dépense que celles relatives au traitement des receveurs, aux fournitures de registres, &c. ; ces dépenses ne s'éleveront certainement pas à plus de 6 pour 100, tandis que l'ensemble des droits proposés coûtera encore de 15 à 16 pour 100 de frais de perception, proportion qu'il faudrait nécessairement accroître si l'on retranchait du système général un impôt qui, en particulier, doit coûter si peu.

De tout ce que nous venons de dire, il résulte que l'auteur n'a pris la peine de développer ses idées qu'à l'égard d'un seul droit, et nous croyons avoir démontré que ses objections ont peu de solidité. Nous regrettons d'avoir à ajouter que sa mémoire ne l'a pas mieux servi, lorsqu'il a *affirmé* avoir *reconnu textuellement* dans la loi proposée sur le roulage, un projet relégué par lui dans un carton au ministère des finances. Nous ne voyons pas ce que l'on pourrait induire contre le plan présenté, de ce qu'il aurait été puisé dans des propositions faites par des personnes étrangères à la régie. Il nous semble, au contraire, qu'à moins de se donner le tort imputé par l'auteur aux administrations, de ne pas sortir du cercle de leurs idées, on doit adopter toutes celles qui sont présentées, quel qu'en soit l'auteur, dès qu'on les juge bonnes. Mais nous devons, par égard pour la vérité, déclarer ici, et nous ne craignons d'être démentis par qui que ce soit, qu'aucune des personnes qui se sont occupées du projet de loi, n'a eu connaissance de l'écrit dont il s'agit; que, s'il a existé, il est sans doute encore dans le carton où il a été rejeté avec tant de dédain; qu'aucune copie de cet écrit, aucune note n'a été fournie à l'administration, et qu'à moins d'un miracle, auquel nous ne pouvons croire, il est impossible que les deux projets, lors même qu'ils rouleraient sur les mêmes idées, soient assez ressemblans pour que l'auteur, *au bout de dix-huit mois*, ait pu reconnaître dans l'un la *copie textuelle* de l'autre.

L'auteur conclut, relativement aux nouveaux droits; c'est-à-dire vraisemblablement à ceux dont il croit la perception possible, qu'ils ne doivent être établis que par abonnement. On s'est habitué, je ne sais trop pourquoi, à considérer ce mode comme devant dispenser des exercices; tandis qu'il suppose toujours, au contraire, non-seulement une connaissance antérieure des produits que l'on abonne, obtenue par les exercices; mais encore une suite de vérifications, ou du moins d'observations, pendant la durée même de l'abonnement, à l'effet de fournir des données positives sur les nouvelles conditions que l'on peut équitablement stipuler lors des renouvellemens. Puisque l'auteur paraît avoir partagé cette erreur; puisque, voulant toujours voir l'administration et ses agens guidés par le plus méprisable de tous les mobiles, celui de l'intérêt particulier, il n'attribue qu'à cette cause l'opposition qu'elle met aux abonnemens, je dois établir ici quels sont, selon moi, les vrais principes à cet égard.

Un abonnement en matière d'impôt est une convention par laquelle le contribuable s'oblige à payer une somme fixe pour le montant de droits dont la base est connue, mais dont le produit est éventuel. Il suppose conséquemment un tarif existant et un ordre de choses tel, qu'à défaut d'abonnement, le produit du droit imposé puisse être déterminé et perçu. Il ne peut être stipulé que de gré à gré; puisque, s'il était forcé de la part de la régie, elle recevrait nécessairement la loi du contribuable, à la discrétion de qui l'impôt seroit remis; conséquence qu'il suffit d'énoncer pour en démontrer l'absurdité.

Il suit de là qu'on ne peut, comme l'auteur l'a pensé, établir un système d'abonnemens exclusif de toute formalité; que la loi, en créant un impôt, doit toujours déterminer un tarif, régler les formes générales de perception, et, par exception seulement, autoriser des abonnemens de gré à gré, sous la condition que le prix offert soit l'équivalent présumé du produit du droit.

Enfin ces conventions, comme je l'ai déjà dit, ne doivent jamais priver des moyens de connaître les produits que l'on eût obtenus du droit, à défaut d'abonnement; puisqu'autrement la régie ne pourrait modifier ses prétentions lors des stipulations nouvelles, et serait exposée, ou à grever les contribuables, ou à souscrire à des conditions onéreuses au trésor.

Ces points une fois déterminés par la loi, l'application plus ou moins générale du mode des abonnemens doit être abandonnée à la régie, et dépendre de la nature même de l'impôt ou de la position particulière des contribuables.

Pour qu'un abonnement puisse être consenti sans danger, on conviendra aisément qu'il faut que le contribuable soit dans une situation telle, qu'il ne dépende pas de lui de changer les circonstances d'après lesquelles le produit probable du droit a été calculé. S'il n'en était pas ainsi, l'abonnement ne serait autre chose qu'un privilége légal accordé à la fraude.

Ainsi, par exemple, un ou plusieurs cabaretiers établis dans une commune isolée, chez lesquels aucune affluence étrangère ne peut accroître la consommation, doivent être abonnés, dès que leurs ventes habituelles sont connues; parce qu'il n'est pas en leur pouvoir d'attirer d'autres consommateurs chez eux, quelque moyen qu'ils emploient à cet effet.

Ceux des fabricans qui obtiennent les produits de leur fabrication d'une manière constante et uniforme, et à l'aide de moyens qui ne peuvent être changés, tels que des moulins ou des machines ; ceux qui, par la nature même de la matière qu'ils emploient et de l'appareil qu'elle nécessite, ne peuvent obtenir que des produits invariables et bien connus, doivent également être abonnés, après que des expériences premières ont fourni des bases exactes d'évaluation.

Mais cette faveur ne doit, dans aucun cas, être accordée à des redevables qui puissent à leur gré, et par l'effet seul de leur volonté, accroître leur commerce. La justice envers les autres contribuables commande cette règle, aussi bien que l'intérêt du trésor.

Qu'on suppose en effet dans un lieu de grande consommation un ou plusieurs cabaretiers abonnés ; il leur suffira de baisser de quelque chose leurs prix pour attirer chez eux tous les consommateurs. Il en serait de même des brasseurs. L'abonnement de tous les redevables d'une commune ne serait point un palliatif, non-seulement parce que celui qui parviendrait à enlever aux autres leurs acheteurs, ferait de même, à leurs dépens, un profit abusif, mais encore parce que cette même concurrence se reproduirait de commune à commune. Tout l'odieux de cette mesure, germe de discorde ou de collusions, rejaillirait nécessairement sur l'impôt.

Le danger que je signale est à peu près le même pour tous les droits proposés, et les bases d'abonnement indiquées par l'auteur seraient pour la plupart entièrement vicieuses. En effet, un tanneur peut aisément fabriquer une quantité de cuirs double ou triple de celle qu'il produit habituellement avec le même nombre de cuves et de fosses; les cuves d'une papeterie, les chaudières d'une brasserie, presque toujours plus nombreuses que l'activité ordinaire de la fabrication ne l'exige, permettent au fabricant d'en accroître les produits dans une proportion incalculable; Le nombre de métiers employés pour les tissus ne peut être un indice certain des quantités fabriquées, puisque ces métiers, épars le plus souvent dans les campagnes, ne sont employés que dans les momens de loisir que laissent aux ouvriers les travaux de l'agriculture.

Il faut donc de toute nécessité, quel que soit l'impôt qu'on veuille percevoir, se créer un moyen sûr de connaître les produits qu'il doit atteindre : ce moyen, à l'égard des droits établis à la consommation ou à la fabrication, ne peut être autre que les exercices. Les abonnemens, je le répète, ne doivent être applicables qu'à des cas d'exception, plus ou moins répétés, suivant la nature de l'impôt, ils doivent toujours être facultatifs de la part de la régie, à laquelle il faut nécessairement se confier pour étendre ou restreindre l'application de ce mode, suivant que les circonstances peuvent l'exiger : le prix doit toujours en être déterminé d'après le résultat qu'ont offert des exercices antérieurs; enfin, et par ce motif, les exercices ne peuvent cesser absolument pendant la durée même des abonnemens.

J'ai terminé la tâche que je m'étais imposée. Je ne l'eusse pas entreprise, si je n'eusse consulté que la disproportion de mes forces avec celles de l'écrivain contre lequel j'avais à lutter; si je n'eusse espéré que l'extrême avantage que lui assure un talent distingué, pourrait être compensé, jusqu'à un certain point, par la plus scrupuleuse exactitude dans l'exposé des faits et par les éclaircissemens qu'une longue expérience m'a mise à même de donner sur des matières jusqu'ici peu approfondies. Je n'ai eu l'intention de blesser personne, encore moins celle de me faire un mérite de connaissances que possèdent aussi bien que moi tous ceux qui se trouvent dans la même position. J'ai cru que mes idées, rendues publiques, pourraient être utiles : si je me suis trompé, cette erreur du moins sera sans conséquence ; si mon espoir se réalise, j'obtiendrai la seule récompense que j'aie ambitionnée.

www.ingramcontent.com/pod-product-compliance
Ingram Content Group UK Ltd.
Pitfield, Milton Keynes, MK11 3LW, UK
UKHW020436180726
13839UKWH00004B/1522